KB265093

산하山下

산하山下

범대순 시집

문학들

시인의 말

　내가 꼭 시를 써야 할 이유가 무엇인가 가끔 생각해본다. 왜 내가 산에 오르는가, 그것도 왜 무등산만 오르는가. 별로 내세울 까닭이 없다. 그래도 나는 늘 시를 쓰고 늘 무등산에 오른다. 아마 게으른 까닭인 동양적 안정지향 문화의 탓이라 할까. 그것 말고 그 생활을 설명할 길이 없다. 해설을 맡은 진지한 임동확 형이 그를 신랄하게 비판해주기를 바란다.

　80이 될 때까지 무등산 산행만 1000번을 하였다. 지난 50년 동안 주일에 한두 번 가끔 빠진 것도 계산한 수치이다. 그래서 80 이후 주말에는 1100고지 서석대 산행을 작정하고 100번 목표 가운데 며칠 전 그 80회째 올랐다. 앞으로 한해 안에 100번을 채울 것이다. 그리고 나는 본격적으로 더욱 게으르고 더욱 자유로울 것이다.

　시집 제목을 '산하山下'로 하였다. 이 시집의 시를 쓰는 동안 내내 산만 다닌 느낌이고 그 산도 힘든 산중이나 산상이 아니라 늘 산하에 있으면 편하다는 느낌을 말하고 싶었다. 그것은 힘겨운 견문의 예수 그리스도나 칼 마르크스 같이 산중 같은 현대 문명을 대표하는 관념을 벗어나면 마음이 편한 나의 공간과 관계가 있다. 게으른 미학 역시 문명비평이 좋다.

시를 쓰는 일은 무엇인가를 가지고 노는 일이다. 때로 미치고 싶은 마음, 분노, 놀라움, 아름다움, 신나는 세상을, 자연을, 사람을 가지고 노는 맛이 있다. 지난 2002년 시집『파안대소』이후로 쓴 250편 가운데 2005년에 낸 시집『나는 디오니소스의 거시기다』로 묶은 작품을 빼고 그 가운데 반만 골라『산하山下』로 내자는 송광룡 형의 뜻을 따르기로 하였다.

2010년 세말
범대순

차례

제5부

제1부

산하山下

비행기로 갈까
기차나 버스로 갈까 하다가
걸어서 가기로 하였다

소월로 갈까
두보로 갈까 셰익스피어로 갈까 하다가
걸어서 가기로 하였다

예수그리스도로 갈까
공자나 석가모니로 갈까 하다가
걸어서 가기로 하였다

걸어서 가기로 하였다
속俗이 하늘인 산하山下를
맨발로 걸어서 가기로 하였다

돈황기 敦煌記

그리스가 흔들리는 것을 느낀다
그리고 비로소 직립直立하고 있구나
그 동안 너무 오래 절고 있었다
심산유곡深山幽谷 산새소리도 그리운 사람의 천리千里도
그 시간時間도 여기 있구나
이미 기운 나의 가을 해
나의 속俗 나의 연緣을 물들이는 자색紫色이여
일어서는 나의 어제여 천둥이여
나의 절망絶望은 한없이 아름답다

가마골 용소

　나는 여기 담양 가마골 용소에서 태어났다 그리고 여기서 죽었다 꽃이 부러운 나이였다 승천하기 전 날개가 부러진 용의 전설로 산은 산이 아니고 물은 물이 아닌 가운데 지금은 생사도 산천도 용도 없는 용소만 하늘같이 오늘같이 헛돌고 있다 그 소용돌이 속으로 무엇인가 인연같이 붉어서 푸른 것이 뛰어들고 있다 아 여기서 다시 태어나고 싶다

새인봉

흰 구름도 푸른 하늘도 여기
긴 가난도 슬픔도 여기 있으면
어머니같이 흙 묻은 가슴이구나

무등산 새인봉에선
산새도 바위도 조선말로만 논다
전라도 사투리같이 모음 자음이 따로 없다

북으로 남으로 나의 행장은 바람 든 날개같이
꽃피다 말고 내리는 우박같이
늘 갈린 소리가 났었다

돌아와 여기 춘하추동에 서면
오랜 미움도 아픔도 다 그리움
아프리카도 히말라야도 모두 다 같이 있구나

난실蘭室

무등산 중봉 가을날 오후 하늘이 비스듬하다 옛날 할
머니가 거처한 방 생각이 났다 할머니 가버린 다음 어
느 날 방 가득한 난도 모두 가버렸다 난은 슬플 때 꽃으
로 운다 할머니 말이었다 옛날 할머니의 난실은 언제나
꽃이 있었다

지리산 고사목

지리산 장터목 깊은 밤 천막을 벗어나 우러러 하늘을
보니 별들은 거기 없고 모두 내려와 고사목들과 같이
놀고 있다 조심조심 그들에게 가까이 다가서니 별들은
멀어지더니 다시 하늘로 가버렸다 겨울 지리산 장터목
까지 어렵게 올라왔으니 나도 별들과 놀고 싶었다 그러
나 별들은 내려오지 않았다 뜻을 접고 돌아와 그래도
혹 바늘구멍 틈으로 고사목 숲을 보니 그들은 다시 거
기 내려와 놀고 있다 동이 틀 때까지 나는 숨을 죽이고
다만 한 눈 만으로 그들을 지켜보아야 했었다

자색 유희紫色 遊戲

봄에는 큰 바위 옆에 서서 천둥의 꿈을 꾸었다 여름
산 구름 아래서 돌 하나가 우주를 꿈꾸듯 그리고 그의
천둥은 평양성같이 노랗게 물들었다 그렇게 꿈꾸는 하
나의 생애는 저물어간다 지금은 자색 늘 비겁하였던 천
둥의 꿈이 거기 있다

그 아이의 맨발을 사랑했다

들에 있는 마을을 들엣몰 이라 부르고
사는 사람을 들엣몰 사람이라 불렀다
들엣몰 사람들은 고샅길도 맨발이었다
나는 거기 그 아이의 맨발을 사랑했다

들엣몰에 우리가 다니는 학교가 있었다
하교 후 몰래몰래 그 맨발을 따라갔다
따라가다가 그 사리문 앞에서 도망쳤다
다음날 그 아이를 쳐다보지도 못했다

구렁목 소재를 넘어 이 십리도 먼 길
혼자 가기는 귀신 이야기 호랑이 이야기
늦게 뜨는 해 빨리 지는 해 사이의 마을
그 새몰까지 반대편으로 늘 석양이었다

분명 할 말이 지금까지도 아직 남아 있지만
그러나 그 아이 이름도 얼굴도 가버린 속
우연히 오늘 무등산 새인봉 석양에 앉아
옛날 들엣몰 그 아이의 그 맨발을 보았다

개똥에 대한 나의 사유

없는 듯 있는 나의 뜰에도 봄에는 꽃이 피고
여름에는 새가 울고 가을에는 낙엽이 진다
겨울에는 며칠이고 눈이 쌓이는 수도 있지만
스스로 있는 그대로 50년 개똥과 같이 산다

봄에 꽃이 피거나 여름에 새가 울거나 말거나
가을에 낙엽이 겨울에 눈이 쌓이거나 말거나
아침마다 개가 뜰 한쪽에 똥을 누는 일만큼이나
나는 타고남으로 사랑도 뜻도 내 일도 게으르다

뜰밖에 나서면 나도 만나는 일로 흐린 눈이 바쁘다
스치는 옷자락 아스팔트도 바쁘고 소리도 바쁘고
바람도 바쁘고 빛살도 바쁘고 석양에 새도 바쁘다
그리고 바쁜 거리에서 나의 뒷걸음질도 바쁘다

요 여름 더 개똥 구린내 그래도 좋은 나의 게으름
여기는 금빛 큰 소리 동상이나 철학이 닿지 않는다
개똥과 같이 있으면 그리스 신화도 가까이 못 온다
부처님이 십자가를 지신다 해도 겁나는 일이 없다

자색紫色의 순간

기가 먹구름같이 사납다 바다에 가고 산에 가는 까닭
이다 이 안에서 그러나 어지러움은 자색을 원한다 고비
사막의 지평선에 닿는 장성의 끝자락에 지면서 대장정
같이 일어서는 진하게 미친 해 미친 바람으로 대륙 깊
은 안을 물들이는 자색 우연한 사람의 순간을 발견하였
다 아 당장 실성하는 대륙이고 싶다

처서處暑 소묘

도연명의 검은 새가 사는 서역 둔황敦煌 길에서
예이츠의 비잔티움 항해만큼이나 멀미했었다
백두산 천지나 만리장성이나 거기서 돌이고 싶었다
아니고 아닌 골목 안 작은 방 자정 넘긴 시각에
인연이 아닌 푸른 느낌의 깃발을 높이 들고
사선을 넘어 들어와 오늘이 처서임을 알리는 귀뚜라
미여

처서명 處暑鳴

고층빌딩들이 사랑니같이 흔들리는 속을
벼룩같이 뛰어다니는 차를 피하여 사립문 안에 든다
사람의 일에 취하고 토하고 어지럽고 하는 속에서
옷을 벗으니 팔다리가 같이 떨어져 나갔다
삼백 년은 되었을까 눈을 떠보니 창을 두들기는 달빛
창안에 더 밝게 우는 귀뚜라미 자색같이 곁에 있고
그리고 맑은 그의 뜻으로 아직 살아있는 까닭을 안다

사막의 경험

세상은 이외에도 헛소리

천금을 내고 찾아간 곳일수록 헛소리

고비사막 둔황 명사 산모래 바람이 헛소리

만년이 손안에 든 우물을 살렸다 지웠다

머리 풀고 미친 재미로 사는 헛소리

진실은 건기침 감은 눈 다문 안 속

속에 들어 만리를 따라와

곤한 아내의 깊은 속에 자리 잡는 모래알이여

서안기행 西安紀行

우리에게도 쓸 만하게 미친 왕과 미친 여자가 있었다
그래서 여산은 가까이 어디쯤 있을 법한 이름인데
그 아래 이는 소리와 흔들리는 깃발이 낯설다
숲보다 높은 바위를 따라 올라가 보니 삼천 년
밤하늘이 달빛 속에서 별들의 헛소리를 즐기듯
초현실로 미쳤다 다른 현실로 개이니 서안西安이구나

아내를 보내는 방법

그는 최근에 아내를 보냈다 아내가 간 날 아내로부터
그를 떼어내어 우리는 같이 술을 마시고 노래를 부르다
그에게 러시아 여자와 시베리아 여행을 시켰다 새벽에
야 돌아온 그는 아내에게 할 말이 없었다 다만 자기는
이제 완벽하게 없다고 생각했다

PC방 풍경

참새 새끼들이 도합 열 마리다 나뭇가지가 휘어진다
날개가 부러지는 놈도 있다 수염이 노란 놈 한 마리가
둥지를 기웃거린다 일 나겠다

물구나무

바구니는 머리에 애기는 등에 그리고 황토 삼십 리를
가는 여자가 성모마리아다 그때 성모마리아는 맨발이
어야 한다 아 옛날 그런 어머니가 있었다 어머니를 생
각하면 푸른 하늘 아래서 지금도 오래오래 물구나무서
고 싶어진다

가죽 끈

천사 같은 아이의 목에 고리가 달려 있다 밤빛 가죽
끈이 아이의 어깨와 허리를 지나 어미의 왼손에 이어졌
고 여자의 오른 손은 빨간 리본의 예쁜 개를 안고 있다
런던 하이드 파크에서 흔하게 만나는 풍경이다 아기예
수와 성모마리아 사이 가죽 끈을 상상하였다

제2부

큰 눈 내린 날

산도 욕심인데 큰 눈 내린 날 너무 멀리 왔구나 겨운
바위의 저기 미리 알고 붉은 부리의 산새가 무엇인가
우기고 있다 그래 그렇지 그렇고말고 산이 가까운 나이
이 미친 설날에 같이 갈 네가 있구나

문자향文字香

- 성찬경에게

필묵을 같이 전지를 펴놓고 한나절 일없이 앉아 있다
백지와 인연인 듯 백지 앞에 앉으면 노상 편하고 보이
는 것이 실하다 구름에는 구름이고 강물에는 강물이듯
가득하여서 게으른 하늘의 빔이 이렇게 문자향일 수가
없구나

환각

짐승이면서 다시없이 공자의 하늘같이 행복한 까닭
이 다만 새인봉에 붉은 부리의 새가 더 붉은 푸른 소리
로 울고 용소 맑은 물이 더 맑은 검은 소리로 흐르는 까
닭만이 아니다 발이 많은 작은 시간의 벌레이면서 단군
할아버지같이 행복한 까닭이 다만 개똥밭 서울의 땅 속
으로 푸른 구름이 살고 푸른 구름의 붉은 시간을 가는
대륙이 곰 호랑이의 하늘과 땅이 물구나무로 붙어서 합
창하는 까닭만이 아니다

다시 환각

그를 따라서 극지를 간다 어제는 그와 같이 에베레스트도 갔었다 극지고 에베레스트고 그를 따라다니면 다 동네 골목이구나 옛날 할머니구나 이렇게 자기고 남이고 속이고 사는 것은 외롭구나 5000년이여 미래의 모세혈관까지도 얼어라 그리고 폭발하라

노망 연습

버려지듯 두 사람만 살면서 가끔 노망 연습을 한다
노망 연습 가운데 헛소리가 있다 오늘 메뉴의 헛소리는
어린양이다 업어달라는 망구의 어린양으로 가벼운 망
구를 업으면서 속으로 엉엉 울었다

할머니 입술

가을 날 제비들이 공중 주유를 하고 있다 할머니가
나의 입안에 우주를 주유하듯 이 없는 할머니의 입술은
너무 달고 너무 매웠다 지금 할머니 나이 먼 우주여행
같이 스스로 입술이 달고 맵다

물장난

아침 뜰 아내의 꽃밭에 물을 주다가 우연히 하늘의
반달을 본다 물은 스스로 새같이 살같이 달을 향하여
마음같이 날아갔다 다만 해를 향하여 어설프게 산 생애
그 마지막 자락이 헛소리같이 물장난에 젖는다

바람재

무등산 덕산 계곡 내내 겨운 산길
한여름 흐르지 않은 물을 그리며 걸었다

마침내 바람재 맑은 바람 맑은 까닭
지팡이가 먼저 알아보고 누워버린다

저만큼 노란 날개 붉은 부리의 산새들
서로 추상으로 말해도 다 알아듣겠다

도시도 민주주의도 동상도 얼마나 다 헛소리냐
바람재에 서면 그렇게 생각해도 죄가 아니다

천상천하

나는 천상천하라는 말을 사랑한다
헛소리이기 때문이다
그리고 천상천하에 유아독존이란 말을 더 사랑한다
더 헛소리이기 때문이다

나는 자연을 사랑하라는 말을 사랑한다
헛소리이기 때문이다.
그리고 이웃을 사랑하라는 말을 더 사랑한다
더 헛소리이기 때문이다

그러나 나는 낙엽이란 말을 사랑하지 않는다
헛소리가 아니기 때문이다
그리고 석양이라는 말도 사랑하지 않는다
그도 또 헛소리가 아니기 때문이다

그러나 내가 정말로 사랑하지 않고 미워하는 소리는
망망대해에 석양이란 말이다
그리고 더 사랑하지 않고 더 미워하는 소리는
석양 망망대해에 일엽편주一葉片舟라는 말이다

나의 동화 1

우리는 잘 어른들 몰래
똥을 누는 시합을 하였었다

많이 누기론
인호가 늘 일등이었다

나의 동화는 골목에서
똥을 누면서 노는 이야기

교대로 개를 막으면서 누는 이야기
때로 먹는 일도 있었다

나의 동화 2

어느 날 아침 마당 한가운데
함박만한 똥이 있었다

우리 집은 난리가 났다
동네사람들이 모여들었다

도적이 마당에 왜 똥을 누었는지
나는 다만 그 까닭이 궁금하였다

그 까닭을 안 것은 오래오래 살다
내가 어른이 된 뒤 일이다

만산홍엽滿山紅葉

　세상 변덕에 길이 들면 푸른 하늘을 믿고 가는 지리
산에서 찬비를 만나도 밉지 않다 혼자서 가을 산을 타
는 내밀한 사정이 그러나 오늘은 정말 하늘의 이치에
화가 난다 만산홍엽에 크다 만 동자 단풍의 피를 토하
는 까닭이 있었음을 보았기 때문이다

춘분

매화는 밤에 더욱 향이 밝다 하늘별같이 이런 저런
생각으로 아득하다 봄을 죽이고 순수한 짐승으로 살자
깊은 밤 매화 앞에 장승처럼 서서 생각을 죽인다

허사령 동굴[*]

숨어 사는 폭포 하나가
소리라기보다 그림같이

전설같이 조용하게
이미 자연이 된 역사를 말하고 있다

사방으로 북에 닿는 절벽 그리고 절망
그 깊은 안에 지금도 살아 움직이는 것

총탄보다 풍설 우로를 피하기 위한 소망을
오백년같이 돌부처 하나가 거기 앉아 있다

* 담양 가마골에 있는 한국전쟁 최후의 빨치산 거점

강태열에게

한밤중 잠결에 전화를 받고 화가 났다
다시 그놈이다

미치고 싶으면 너나 미쳐라
그러나 잠을 이룰 수 없다

구름같이 착한 놈
그가 미쳤다 말하면 세상이 미친 것이지

뒤척거리다
항복하고 마침내 잠을 이룬다

고로쇠

지리산 피아골은
아직도 피에 주린다

산 가득 매달린 주머니
투명한 그 안에 하얀 피가 역사같이 고인다

경칩을 택하여
고로쇠 물을 얻는 큰 산 키에 닿는 욕심

그 안에 스스로
지리산만큼이나 질긴 원죄를 본다

신록

이것은 스무 살 적 힘
하고 생각하니 오월

정오 안에 천 백 고지
아직도 지하로 흐르는 안간 붉음

무등산 서석대
바위까지도 신록

신록이 서북쪽으로 멀리 히말라야
그리고 더 멀리 푸른 아프리카에 닿는다

5월 하늘의 순간

노란 지붕 위에
홰를 치는 잡종 수탉을 그리듯

새인봉 뻐꾸기가 순수한 먼 훗날
미리 그리움을 울고 있다

새삼 혼자이구나 하니
그때 머리 위로 하얀 비행운

오래오래 5월
없는 듯 있는 푸른 하늘을 간다

제3부

21세기 세상보기

비아그라는
땅에 따라 효험이 다르나보다

아메리카
비아그라는 토네이도가 되어 시원한 덕석몰이

서울에서는
남대문 시장 사람들이 떠들썩하고

중국에서는
황사 전염병이 되어 장강을 흐른다

나의 견문록見聞錄

대영박물관을 구경하고 나오면서
도적놈들

르부르박물관 바티칸박물관을 나오면서
성직자 도적놈이 따로 없구나

그리고 청주
고인쇄박물관을 들여다보면서

아니다
도적질은 때로 창조라는 생각으로 마음을 바꾸었다

생활의 발견 1

가마골 용소에 갔더니 요즘 만나는 사람이 누구냐고
용이 물었다 무등산 새인봉 붉은 바위도 그렇게 묻는다
나도 태평양이 있었다고 말할거나 마지막 질문에 대답
해야 할 봉우리 위에 길게 석양이 눕고 있다

생활의 발견 2

죽음은 죄지은 사람이 가는 곳이 아니다 죽음은 파멸
한 사람이 가는 곳이 아니다 오고 싶을 때 언제나 오기
위하여 가는 길이다 기도하는 신부의 말을 들으면서 아
니다 그것은 헛소리다 그러면서 그 헛소리 정말 헛소리
에 고개를 숙이면서 나는 나를 묻었다

산새

눈이 깊은 무등산 서석대
구름에 닿는 큰 바위
자세히 보니 작게 열린 창
창안에 나를 보는 눈
그때 가까이 빨간 산새가
하늘을 닮은 소리로 울며 날아갔다

고산부高山賦

- 박희진에게

산이 높은 까닭은 산이 푸르기 때문이 아니었다 예쁜
산새 사나운 짐승 때문이 아니었다 산이 높은 까닭을
안 것은 사막을 보고 장강을 보고 나서다 거기는 늘 바
위가 있었다

　피하여 새인봉에 갔다 늘 가는 산이다 허나 거기도 오늘은 오월같이 소란하다 모두 향하여 큰소리를 둘러싸고 큰소리는 히말라야가 무너지고 있다고 외치고 있다 범상치 않은 소리에 더 가까이 다가서니 대륙이 2천 년이 미쳤다고 우기고 있다 산도 이제 성하지 않구나 생각하고 돌아서자 왠지 마음 깊은 속에서 태평양 같은 느낌이 일어선다 그리고 고개를 드니 한여름 아닌 하늘에 소쩍새같이 철없는 낮달이 떠 있고 이웃으로 비행운이 길게 꼬리를 달고 남으로 가고 있다

할머니의 유산

그것은 덥고 짜고 너무 매웠다 그것은 밤낮 할머니
가까이 있었다 할머니 안에서 너무 소중하여 모습도 소
리도 숨겼다 아름다운 보물같이 단 하나의 유산 나는
할머니에게서 눈물을 배웠다

무등산하 無等山下

규봉암 동으로 억새밭 내려오다 스스로 발이 멎는
담양 고서 땅 산자락 바로 작은 대밭마을의 가을
하늘이 전설같이 내려와 울타리 고샅까지도 석양

초가보다 더 오랜 옛날 같은 갓이 헌 슬레이트 지붕들
늙은 농부 내외 머리에 붉은 띠 두른 데모에 나가고
좁은 외양간 암소가 남아 저음으로 주인을 기다린다

서울에 간 자식 모지게 구로 어디 사는 줄 다 아는데
명절이면 와서 곧 강남에 아파트 사서 부모님 모신다고
손자 놈 시켜 하는 거짓말 늘 거짓말 믿는 노인들

간간 저 건너 고속도로 큰 차 마구 달리는 소리 끝자
락에
하늘이 마을이고 가을이고 석양같이 흐르는 삼대三代를
사는 감나무 끝 너무 높고 너무 붉게 있는 까치밥이여

생활의 발견 6

어머니의 꿈은 내가 큰 산에 우뚝 선 뿌리 깊은 나무
였지만은 그리하여 나도 그런 꿈속에 산새를 그리는 노
래였지만은 어느 날 깨닫고 주위를 보니 멀리 가까이
모두들 다 큰 나무들 그간에 나만 너무 작게 서서 다른
나뭇가지에 앉은 산새의 노래 그 틈 사이로 새는 햇빛
그리고 바람을 구하여 팔 벌리고 목마름에 시달린다 수
시로 지나가는 짐승의 숨소리 몸놀림에 시달린다

무등산 선유無等山 船遊

봄이 일어서는
무등산은 산이 아니라 강
구름이 높은 하늘 푸름이 흐른다

우리들도 물 흐르듯
산머리에 이르면 정오
미리 와 기다리는 해의 품이 한 아름

장불재 다음 이내 중봉
내려오는 길도 강물
나무의 파도에 오후가 흐른다

새인봉에 서면 쉬는 해
증심사 범종이 장강을 그리워하듯
붉은 석양이 내일을 흐른다

새인봉 노래

새인봉을 만날 때까지
나는 바람이었다 나는 구름이었다
그리움이었다
여기서 나는 비로소 나로 태어났다

여기서 나는 바위 위에
사투리로 말하는 산새가 되었다
산새는 새인봉 둘이면서 열 봉우리
노래가 멀리 긴 길 푸른 들에 닿는다

서울을 바다를 대륙을 욕심으로
내가 이방에서 눈이 사나울 때
새인봉은 늘 타고난 전라도
나에게 어머니를 일으켰다

돌아와 여기 서면 동으로 아침 해
그리고 지리산으로 동해물 백두산으로
서로는 다도해 제주 황해에 지는 해
아 여기 서면 비로소 가난도 푸른 하늘이구나

너덜겅

천하가 화산이었을 때
불기둥이 하늘에 닿았을 때
그때 무등산은 태어났다

불은 천사같이 땅에 내려와
너덜겅이 되면서
같이 초목과 짐승과 사람을 일으켰다

태고를 기억하는 가물현 누루황玄黃
시간으로 말하는 다른 언어는
힘차고 더운 가슴의 푸름

여기 서면 누구나 만년을 얻는다
타오르는 화산을 얻는다
광주를 얻는다

그리고 늘 그리움

– 이육사 탄생 100주년에

봄이 오니 뜰 참새도 꾀꼬리같이 운다
새인봉 진달래꽃도 약사암 목탁도
광화문 촛불들도 꾀꼬리같이 운다
봄이 오니 그러나

그에게 겨울이 있었다
겨울에는 그에게 봄이 있었다
겨울에는 그에게 하늘이 있었다
그때 그의 부리는 소리가 있었다

지리산 세석평전 겨울 밤하늘
둥지 가득한 별
그의 겨울은 위대하였다
지금은 물구나무서야 보이는 하늘

아름다움은 두루 두루 빛나는 가난
그리고 늘 그리움
하늘을 내리는 오로지 하나의 선같이
꾀꼬리는 그때 그의 소리가 있었다

사월이여 안녕

카오스의 피는 너무 푸르다
천둥소리 정글을 직각으로
큰비 왔다 개이고 다음 날 아침
새인봉 절벽에 서면 너무 푸르다

사월이여 안녕
진달래꽃이여 안녕
너희는 대륙이었다
그리고 푸른 천둥이여

오늘은 다만 가파른 숨결
세계는 시간은 인생은
지금 여기서 뛰어내리면
위대한 공백으로 가는 날개일거나

하늘은 너무 높아서 적막하고
사월은 너무 붉어서 적막하노니
원적의 여기 새인봉 절벽을 날개로
위대한 4월을 뛰어 내려 버릴거나

서래봉西來峰

백련암에서 멀리 보는 것만으로 족하거늘
분에 넘친 욕심을 따라와 큰 욕을 만난다
낡은 손의 다가섬을 피하는 세상 젊음같이
바위는 너무 높고 너무 크고 너무 모지다

내장산 내장사 일주문 강암*의 현판같이
마디마디 뜨겁게 더욱 살아 움직이는 산
때로 비백같이 붓끝이 하늘로 날아가듯
우거진 풀 사이 사람 흔적이 자주 숨는다

도시를 벗어버리기에는 끈이 너무 질기고
사람을 벗어버리기에 걸림이 너무 많지만
서래봉 높은 바위에 서서 산 아래를 보니
여기 바위로 하나 인연을 얻었으면 싶구나

무슨 업이 있어 다시 외로움이 일어나는지
외로움은 우러러 푸른 하늘같이 순수이구나
가파른 바위에 혼자 비스듬하게 사는 소나무

백년 아니 이백년 교감하고 외로움을 나눈다

불출봉拂出峰

세상사는 일이 주름살을 항해하는 일이라
배 젓는 일을 접고 내장산 불출암을 향한다
가파른 길 미끄러운 바위를 뛰어내리면
거기도 또 굽고 패인 나의 생애가 있었다

별 높이도 아닌 것이 내가 산 세상은
가다 막히고 가다 막히고 다시 생기고
스스로 선택한 것도 아닌 생을 사는 일이
풀숲 나무숲 사이에 바위처럼 모가 있다

달마가 저기 서래봉을 취한 까닭이라면
그의 욕심에 불출봉 봉우리를 버렸겠느냐
구름의 강위에 서서 무심코 우러러 보니
오월 하늘의 푸른빛이 너무 멀리 있다

금강산 비로봉에 서면 이만할거나
절망 같은 외로움이 가슴에 스미고 있다
속俗이 울어도 나의 집은 새소리가 있다
문득 산새소리가 없는 원래 적막을 보았다

경양방죽

옛날 광주光州에 아름다운 방죽이 있었다
둘레가 이 십리도 넘는 큰물이었다
사시사철 푸른 물이 살아 넘실거리고
그 둑에는 길게 버드나무 숲이 있었다

방죽 안에 빛나는 해와 떠가는 흰 구름
해와 구름 사이로 즐겁게 노는 고기떼
더 들여다보면 남쪽으로 멀리 무등산無等山
북쪽으로 더 멀리 노령산맥蘆嶺山脈이 있었다

하늘에 구름을 가두는 일만큼이나 어려운
들에 물을 가두는 역사役事가 광주光州를 만들었다
물은 방방곡곡에서 사람들을 불러 모았고
사람들은 빛나는 고을의 사계四季를 만들었다

지금 그 아름다운 방죽은 큰 고을이 되어
길이 되고 광장과 높은 집이 되고
옛날 그 살아 움직이던 물에 어린 꿈은 남아
영원한 고을의 사랑과 내일을 밝히고 있다

적벽동천赤璧洞天

명월이 있고 청풍이 있고 금사金砂 어화가 있던 적벽
동천
　겨울 설경 속 낙조가 늘 새벽종과 폭포를 기억하는
옛날
　학을 부르면 학이 오고 구름을 부르면 구름이 돌아왔
었다

　무등산 모후산 가까이 동으로 옹성산 그리고 멀리 백
아산
　백두대간의 남악 나라가 천둥과 합류한 물 섬진강 웃
머리
　반공半空 높이 수리數里를 천척 단애의 적벽이 있었다

　하늘이 열린 이래 일월과 푸른 구름이 지킨 사람과
자연은
　지금 춘추에 가려 다만 망향의 탑으로 나그네로 서서
　낙조 다음의 시간을 향하여 뜻하는 자색을 그리고
있다.

김립의 가난과 시와 세월이 하늘의 뜻으로 아직 남아
있고
여기 산천은 어제를 넘어 오늘로 내일로 역사처럼 흘
러가지만
적벽 팔경은 꿈같이 눈을 감으면 마음속에 더욱 크게
있구나

8월이 시작하는 날

벌레 우는 소리가 어설픈 단 잠을 깬다
소나기를 만나듯 갑작스러운 느낌 속에
그가 의미하고자 하는 소리를 묻는다
가을이기는 아직 8월이 시작하는 날

무엇인가 꼭 하고 싶은 말이 있는 듯
그의 주장은 너무 모지고 사나움이
톱니가 돌면서 내는 다만 한결같이
골목 더위에 우는 아이같이 질기다

엉터리다 세계는 너무 엉터리다
엉터리의 그 소용돌이에 자식을 넣고
잠을 못 이루는 그 마음이 오죽하랴
죽을 뻔했던 유월이 가까이 다가왔다

한 여름에 깊은 가을을 우는 벌레같이
세상은 너무 아니게 아니게 가고 있다
아니게 가는 세상을 같이 가는 아닌 마음
이 새벽 어느 아닌 마음의 울음을 듣는다

제4부

생활의 발견 8

별일도 아니게 오래오래 산 생애
별로 눈여겨보는 사람 없이 있다
우연한 순간에 지고 있는 나뭇잎을
나만 큰 사건같이 혼자서 보고 있다

생활의 발견 11

길에서 콜록거리자 안타까웠던지
환절기에 조심해요 할아버지
우연한 젊은이 하나가 말했다

더없이 우울하고 고독한 거리
콜록거리기라도 하여야지
미안해서 걸어갈 수가 없구나

콜록거리는 것은 나의 위선이다
서울 중심 이 무지막지한 거리에
콜록거리는 것은 나의 거짓이다

석양에 광화문에서 서울역까지
내내 콜록거리는 나의 헛소리는
그러나 나의 생존양식임을 나는 안다

먼지 한 톨이 짐승임을 알기까지

먼지 한 톨이 짐승임을 알기 위하여 나는 일흔 다섯
살을 먹어야 했다
먼지 한 톨이 봄이 여름 가을이 겨울인 것을 알기 위
하여 나는 일흔 다섯 살을 먹어야 했다.
먼지 한 톨이 나의 어머니 나의 아버지
먼지 한 톨이 푸르고 붉은 색임을 알기 위하여 나는
일흔 다섯 살을 먹어야 했다
나의 눈물 나의 아픔 나의 기쁨 나의 희열 다시 절규
그리고 나의 절망 죽음
나의 오늘 나의 어제의 시간 그리고 나의 영원한 광기
먼지 한 톨이 우주인 것을 하나님인 것을 거시기인
것을 알기 위하여 나는 일흔 다섯 살을 먹어야 했다

산새가 피를 토해야 할 까닭

물방울 하나가 강물이기 위하여 산새가 피를 토해야
했다

물방울 하나가 강물이기 위하여 푸른 하늘이 천둥이
어야 했다

물방울 하나가 강물이기 위하여 봄은 가을이고 여름
은 겨울이어야 했다

물방울 하나가 강물이기 위하여 수도 없이 시인이 죽
어나가야 했다

강물이 물방울 하나가 되기 위하여 새들은 날개 부러
지게 멀리 날아야 한다

강물이 물방울 하나가 되기 위하여 짐승은 발목 부러
지게 달려야 한다

강물이 물방울 하나가 되기 위하여 나는 더 완벽하게
미쳐야 한다

강물이 물방울 하나가 되기 위하여 물방울 하나는 강
물이 되어야 한다

시의 소재 가운데

시의 소재 가운데 낙엽 한 잎만도 못한 것들이

시의 소재 가운데 흙 한 줌만도 못한 것들이

시의 소재 가운데 방천에 한줄기 띠 뿌리만도 못한
것들이

시의 소재 가운데 시냇물 피라미 한마리만도 못한 것
들이

시의 소재 가운데 고샅길 한 덩이 개똥만도 못한 것
들이

시의 소재 가운데 풀리는 먹구름 뭉치만도 못한 것
들이

시의 소재 가운데 그 안에 없어서 서운치 않은 것들이

시의 소재 가운데 다른 말로 바꾸어도 좋은 것들이

그것들이 밤낮으로 나를 괴롭힌다

원형이정元亨利貞을 위하여

― 정환담에게

경서經書 일독을 다 마친 날이었다
철 아닌 함박눈이 내리던 날
한나절 서원 뜰을 거닐던 스승은
한동안 매화 앞에 서서 움직이지 않았다

봄기운에 눈발은 무엇이고 그리고
그 눈 속에 피는 홍紅은 또 무엇인가
설렘 같기도 하고 미소 같기도 한
오백년 홍매화 앞에서 그는 고개를 숙였다

선생님 그래서 학지광學之光이 아닙니까
따르던 제자가 조심스럽게 거들었다
옳거니 출람出藍의 답은 나무랄 데가 없다
그러나 스승은 숙인 고개를 들지 않았다

이 광경을 보면서 내리는 눈과 매화가
무엇인가 조용히 나누는 속삭임이 있었다
두 사람은 그 뜻을 잘 알 수 없었지만
그 속에 춘하추동 원형이정을 느꼈다

무등산 규봉無等山 圭峰

암자가 진달래꽃숲 사이에 있다
장수 꿩 춘정을 아끼고 있는 정오
일흔을 넘긴 지긋한 피곤이 봄같이 달다

일어나 강같이 흐르는 바위에 서니
무등산도 금강산 일만 이 천봉
암벽이 대륙같이 소리높이 침묵하고 있다

스무 개의 백년들이 쏟아질 듯하구나
부활하는 성자들같이
이 자연 속에 인간으로 있음이 작지 않다

큰 눈 내린 날 작정 없이 온 적도 있다
무등산 규봉에서는 계절은 의미가 없다
춘하추동이 천하같이 다만 암벽이구나

백암산白岩山

꾀꼬리소리
해를 만나면 알게 더 맑다

오월 아침
백양사白羊寺 가는 길

백학봉白鶴峰 위로
흰 구름 일다가

새 소리를 만나
다시 푸른빛으로 바뀌었다

형이상학적 분노

– 김성곤에게

무등산 규봉 절벽에 열린 고드름에게
아니게 푸른 겨울 하늘을 향해 물었다
단군할아버지에게 그것을 묻듯
아프리카 검은 빛에게 그것을 묻듯

붉게 소리하는 산새에게 물었다
암자 꼬리가 엷은 목탁에게 물었다
분노하고 광란하여야 할 까닭이
다만 봄이고 가을인 까닭이 무엇인가

봄에 진달래꽃 겨울에 고드름 꽃이
늘 가도 규봉 가파른 곡예는 아름답다
예수그리스도의 십자가가 그렇듯
한반도 우리의 고단한 역사가 그렇듯

높고 푸른 하늘의 까닭이 분노이듯
밤에 은하수 별의 까닭이 광란이듯
사람의 까닭 꽃의 까닭 짐승의 까닭이듯
겨울 무등산 규봉 절벽에 분노가 있었다

까닭이 없는 버릇

뜰에 진 은행잎 하나를 주워
생각해보니 열흘도 넘게 만지작거리고 있다
옆에 여자가 같이 있는 자리에서도 그렇게
은행잎이 그렇게 좋으냐고 여자가 물을 때
나는 나의 버릇이 까닭이 없음을 깨닫는다

자라면서 알게 까다로운 아이가 있었다
손때가 묻게 무엇인가 만지작거리거나
옷고름 아니면 숨을 못 쉬는 아이였다
은행잎 하나에 매달리면서
나는 잃어버린 나의 여든 해를 찾는다

은행잎 하나를 만지는 나의 버릇이
내가 우파니샤드를 읽는 일과는 관계가 없다
십만 년도 넘은 은행나무와 만 리도 먼 나라
그들과 같이 아니면 사이에 있는 나의 까닭을
오늘 어떤 유전자의 해석도 설명하기 어렵다

그러나 내가 은행잎 하나를 만지면서
내가 십 만년 만 리를 가까이 느끼면서
말할 수 없는 포근한 생각에 젖는 것을
이 은행잎 하나의 진하고 벅찬 느낌 말고
이 우주를 무엇이 대신할 수 있을 것인가

참새론論

아침에 해를 보고 나도 내가 있다 있다 하고 우길 때
뜰의 참새는 해를 만나도 아니다 아니다 하고 우겼다

하루 내 생각하고 석양에 그래 아니다 하고 그를 따
른다
그러나 새는 아니다 그도 아니다 라고 또 발성이 다
르다

새여 날개여 꿈이여 푸른 하늘로 해가 아니면 무엇
이냐
종일을 뜰 안 너에게 갇힌 삶 나의 이 저주를 풀어다오

붉은 눈으로 밤을 새고 아침에 다시 또 듣는 아니다
그 아니다 속에 속에 '속俗은 하늘이다' 가 있었다

순수 분노純粹 憤怒

같이 있다 뜬금없이 장끼가 화를 내면
다른 꿩들은 놀라 멀리 물러서서
너무 슬프게 그의 분노를 지켜본다
그들은 그 분노의 뜻을 잘 알고 있다

이윽고 장끼의 분노가 혼자 남으면
낮에는 해가 밤에는 별들이 지킨다
진달래꽃을 새인봉 절벽이 지키듯
약사암 목탁을 붉은 산새가 지키듯

장끼의 분노가 원색의 낙조가 되는 까닭을
그리하여 마침내 푸른 바위가 되는 까닭을
높은 하늘이 벼락이 되고 강산이 되는 까닭을
천지현황天地玄黃은 끝내 말하지 않는다

먼 훗날 새인봉 절벽이 흙이 되고 바람이 되고
먼 훗날 약사암 붉은 산새가 구름이 되고
하여 마침내 하늘이 서버리는 시간이 되어도
없음이 되어도 장끼의 분노는 거기 거기 있다

산에서 미친 것은 나뿐만이 아니다

산에서 미친 것은 나뿐만이 아니다
방향이 없이 쏟아지는 비가 미쳤다
이렇게 구멍이 난 하늘이 미쳤다
화살같이 쏟아지는 물이 미쳤다

산에서 미친 것은 나뿐만이 아니다
소리치며 불어대는 바람이 미쳤다
소리치며 부러지는 나무가 미쳤다
지진 같은 바위의 울음소리가 미쳤다

산에서 미친 것은 나뿐만이 아니다
절벽에 부딪치는 구름이 미쳤다
구름 위에 서 있는 어지러움이 미쳤다
신호음 사이로 짙은 산 냄새가 미쳤다

이런 산에서 미친 것은 죽음보다 신난다
이런 산에서 혼자 죽는 것은 무의미하다
미친 비 미친바람 미친 나무 바위 구름
미친 산을 두고 나만 죽으면 너무 무의미하다

시를 쓰면 폭풍이 불 줄 알았다

- 김규성에게

시인이 한편의 시를 쓰면 폭풍이 불 줄 알았다
시인이 한편의 시를 쓰면 벼락이 칠 줄 알았다
시인이 한편의 시를 쓰면 하늘이 울 줄 알았다
지심이 갈리고 태평양이 일어설 줄 알았다

나도 한편의 시를 쓰고 죽는 줄 알았다
폭풍 속에서 벼락 속에서 우는 하늘 아래서
나도 시를 쓰고 정말로 죽는 줄 알았다
지심이 갈리는 지진 속에서 죽는 줄 알았다

너무 조용하고나 이것은 비극이다
내가 시를 썼는데 너무 조용하다니 이것은 비극이다
폭풍도 벼락도 우는 하늘도 지진도 없구나
하늘에 구름도 우는 참새도 하염없구나

한 편의 시를 쓰고 난 후
나는 내가 죽든지 세상이 죽든지 거시기가 죽든지
폭풍을 벼락을 우는 하늘을 갈리는 지심을 기다렸지만
계림동 거리 새인봉 절벽 약사암 목탁은 미동도 없구나

산에서 만난 강

요즘 산에는 매일 서울 남대문 시장이 선다
그 산에서 가리지 않고 사내 하나가 오줌을 눈다
그날 산에는 예쁘고 젊은 여자들이 더 많았다
사내는 그쪽을 향하여 더욱 신나게 오줌을 눈다

사내의 거시기에서 오줌은 소나기같이 쏟아졌다
힘들이지 않은 도둑놈들 큰 웃음같이 쏟아졌다
너무도 엉뚱하여 아무도 그를 탓하지 않았다
누구나 보통 미친놈이 아니라고 생각하였다

그러나 다람쥐도 다람쥐 앞에서 오줌을 누고
산에서는 산새도 산새 앞에서 오줌을 누고
산에서는 나무도 나무 앞에서 오줌을 누고
바위도 메아리도 메아리 앞에서 오줌을 눈다

그러나 사람들 앞에서 나는 오줌을 누지 못한다
누고 싶었지만 오줌은 한 방울도 나오지 않는다
사람 앞에서 소나기같이 오줌을 누는 놈이 부럽다
모진 바람 벼락 치면서 오줌을 누는 하늘같이 부럽다

위대하지 않은 조국은 조국이 아니다

위대하지 않은 시간은 시간이 아니다
위대하지 않은 역사가 역사가 아니듯
위대하지 않은 강산은 강산이 아니다
위대하지 않은 조국이 조국이 아니듯

위대하지 않은 가슴은 가슴이 아니다
위대하지 않은 어머니가 어머니가 아니듯
위대하지 않은 사랑은 사랑이 아니다
위대하지 않은 하나님이 하나님이 아니듯

위대하지 않은 바다 위대하지 않은 화산
위대하지 않은 무지개 위대하지 않은 흙
위대하지 않은 고난 위대하지 않은 절망
위대하지 않은 태양 위대하지 않은 세계

시간이여 역사여 강산이여 조국이여
가슴이여 어머니여 사랑이여 하나님이여
태양이여 세계여 고난이여 절망이여
위대하지 않은 조국은 조국이 아니다

야생野生

너는 평생 취해야 할 것
뱃속에서 이미 취했었으니

백번도 넘게 들은 어머니의
그 말이 평생 나를 지배했다

때로 너덜겅으로 땀으로
때로 불로 바람으로 긴 가람으로

춘하추동 향이 없이 이는 야생으로
무등산으로 어머니로 내 안에 있다

금혼 낙서 3

새벽부터 일어나 이리 궁리 저리 궁리 하다가 생각 하나를 정리하고 일어서면서 기념으로 시 한편을 썼다고 생각하고 버릇으로 자기도 모르게 '헛소리' 하였는데 옆에서 아내가 마음에 들었든지 크게 호응하였다 그는 나를 너무 잘 안다 나의 헛소리도 너무 잘 알고 나의 거시기도 너무 잘 안다 나는 그와 너무 오래 같이 살고 있다 일회성의 인생 더러 들리는 이야기는 일회성을 2회성으로 3회성으로 사는 맛이 따로 있다는데 우리는 50년 그 맛을 모르고 살고 있다 그러니 내가 그 맛을 모르고 한 짓이 그것을 새벽부터 꿍꿍거리는 것이 근처 점심값도 안 되는 얼마나 헛소리인가 그도 나도 너무 잘 알고 있다

금혼 낙서 4

한때 꽃이 기다릴 것으로 알고 있었다 사람이 나를
기다린다고 믿고 있었다 그때 나는 하늘도 내가 아니면
아니었다 그러다가 어느 날 아침 그 목이 넘어갔다 아
니다 생각하고 꽃을 기다리기로 하였다 사람도 내가 그
날개를 기다리기로 하였다 그러나 꽃도 사람도 오지 않
은 것을 알고 그제서야 나는 하늘이 아니다 생각했다
거리에서 우연히 꽃같이 웃는 아이를 만나고 나는 속으
로 정말로 아니다 생각하고 울었다 내가 우는 것은 내
가 무너지는 까닭이 아니라 아이가 무너지는 것을 가까
이 보았기 때문 전쟁만 꽃을 무너뜨리고 어린이를 무너
뜨리고 벼락만 꽃을 사람을 무너뜨린다 생각했는데 길
을 가다가 아니다 스스로 무너지는 어린이를 만나고 아
니다 까닭도 없이 나는 아니다 아니다 생각했다

제5부

국화꽃이 피는데

국화꽃이 피는데
하늘이 저토록
높고 푸른 까닭이 있었다

황량한 들 차고 모지게
바람이 부는 까닭이 있었다
철이 아니게 눈이 내리는 까닭이 있었다

국화꽃이 피는데
깊은 밤 어디선가
새도록 현금玄絃이 우는 까닭이 있었다

국화꽃이 피는데
그리운 사람이여
내내 당신이 오지 않은 까닭이 있었다

독도에 대한 감정

할아버지 어디까지 가십니까
독도까지 갑니다

할아버지 여기에서 독도까지 갈 수 있습니까
그렇습니다 갈 수 있습니다

할아버지 여기는 무등산이 아닙니까
그렇습니다 무등산입니다

그런데 여기에서 독도까지 갈 수 있습니까
그렇습니다 지금 내가 가고 있지 않습니까

국화야

국화야 네가 피는데
밤하늘에 별들이 빛나는 까닭이라 말할거나
넓은 들 굽이굽이 강물이 긴 까닭이라 말할거나

국화야 네가 피는데
어머니 다듬이 소리가
여든 해의 지금도 나의 밤을 깨우는 까닭이라 말할거나

오늘 집집마다
봄에는 진달래 가을에는 국화 때로 갈대
예쁘게 철따라 사람들 베란다엔 그렇게 화려하게 있
지만

국화야
한 장 백지 위에서 그러나
머칠이고 여기 붓끝이 움직이지 못하는 까닭이라 말
할거나

남매 南梅

16도 영하의 추위가
하나의 미소일 수 있었던 것을

넓고 모진 대륙이
작은 한 남자의 바람이듯

남으로 먼 산언덕 아래
없는 듯 사는 역사의 미래여

깊은 밤 그 아이 꿈같이
예쁜 하늘이 열리고 있다

무등산 서석대

– 정규철에게

무등산 서석대 정상에 이르면
모난 바위에 앉아도 꽃방석이구나

모지게 붉은 힘으로 쉬는 호흡
원시같이 흐르는 땀이 푸르다

높은 하늘이 흐르는 구름과 같이 있고
사방으로 둘러선 산들이 다 하나이구나

시간을 다스리는 숫자들이 증발하더니
세상이 따라오다가 말고 돌아가 버렸다

순수하구나
미치고 싶은 마음

밤을 새며 바로 서고자 한 나를 한사코 가로막은
역사도 세계도 그 사람들도 미워할 수가 없구나

두암 시장

그리고
오늘은 시장거리 어물전 앞에 서서
내가 왜 여기 서 있는가 생각했다

칠레에서 왔다는 홍어는 가마니같이 쌓여 있고
러시아에 왔다는 동태는 눈들을 뒤집어썼다
무안에서 온 낙지들도 파김치처럼 엉켜 있다

거기 죽기 위하여 죽은 자들은 없고
모두 살기 위하여 죽은 자들뿐이다
그리고 살기 위하여 그들을 찾는 사람과 나는 같이
있다

어물전 시장 위 도시의 하늘
먼 바다에서는 지금 수평선
그리고 여기 아니게 나는 푸른 파도를 보고 있다

꿈

꿈속에선
해가 달이 되기도 하고

꿈속에선
새가 꽃이 되기도 하고

사람이
짐승이 되기도 하면서

가버린 사람 옛날같이 예사롭게
그렇게 말이 안 되는 일이 생겨도

꿈은 언제나
언제나 그 사람같이 있다

천왕봉 세한도

천왕봉 정상에 이르면
백두산이 보인다고 생각했다

낮에도
별을 수없이 줍는다고 생각했다

5천만년 나란히 나란히 서 있던
지왕봉 인왕봉은 어디 갔느냐

무릎 연골이 다 닳은
나의 시 나의 고산고수苦山苦水

오늘이 어제이고 내일인
나의 여름이 너무 바람이 아니구나

아침에 보고 저녁에 보고 꿈에도 보는 산
그러나 여기 다만 금빛 활을 든 장승들

하늘의 뜻이 아닌 사나운 의지가
푸른 구름인 나의 가슴을 겨누고 있다

봄이 봄을 기다리듯

긴 겨울 밤
새도록
다듬이소리가 미움을 기다리듯

푸른 비 내리고
맑은 하늘 천둥을 기다리듯
봄이 봄을 기다리듯

장롱을 열면
수의가 붉은 눈으로
주인의 천년을 기다리듯

술상 차려놓고
벗 대신 혼자서
시가 시를 기다린다

별

별은 하늘에만 있는 게 아니었다
별은 산에도 있고 들에도 있었다

별은 밤에만 있는 것이 아니었다
밝은 낮에도 있고 비바람 속에도 있었다

별은 눈으로만 보이는 것이 아니었다
별은 손으로 가슴으로 더 잘 보였다

호젓한 거리 아름다운 가난이 사는 골목
별은 언제나 그들과 같이 있었다

80

산에 가면 보라색 그 작은 꽃이 왜 예쁜지
그 옆에 노는 다람쥐 왜 나를 피하는지
저 집 아이 아침부터 왜 웃는지 알 것 같다

하늘이 높아도 구름이 없고
나라가 작으면 이름도 작고
사는 것이 시름인 것도 알 것 같다

80의 나이에
비로소 서울에 왜 사람이 많은지 알 것 같다
그리고 화산폭발이 왜 저렇게 시원한지 알 것 같다

그러나 80의 이 나이에도 모르는 것은
소리 지르고 싶고 달리고 싶고 땀 흘리고 싶은
속없이 속으로 타는 너에 대한 그리움이 아니냐

무등산 옛길

겨울에도 얼지 않은 물소리
물 옆에 산새와 노루 고란이
나무들 하늘과 자유로운
산은 그 옛날 큰 산이었다

바위는 해와 놀고
달과 놀고 별들과 놀고
구름 바람소리와 놀면서
늘 사람이 그리웠다

무등산이 큰 산이었을 때
꾸불꾸불 오솔길이 있었다
스님과 나무꾼과
산 도둑이 다니는 길이었다

오솔길이었던 옛날
무등산 옛길은
가난한 전라도 시인이
마음속으로 다니는 길이었다

화산 폭발

아이슬란드는
시원할 거여

부글부글 끓던 애가 터져
시원할 거여

속 안이 저렇게 붉은 줄
저도 놀랬을 거여

할 말이 있을 거여
지구는 더 크게 크게 할 말이 있을 거여

다시 보릿고개

보릿고개에 하늘이 있었다
높은 하늘에 푸른 구름이 있었다

보릿고개에 땅이 있었다
넓고 넓은 땅에 흙이 있었다

보릿고개에 사람이 있었다
밤하늘에 별 같은 사람이 있었다

보릿고개에 내가 있었다
신화같이 생긴 예쁜 아이가 있었다

내가 그리는 것은

없는 뜰을 만들어 놓고
새를 그리고 꽃을 그리는 일
그리고 사람을 그리는 일

없는 새와 같이
없는 꽃과 같이 노는 일
없는 사람과 같이 노는 일

있는 세상을 지우는 일
있는 둥지 있는 울을 지우고
지우면서 웃고 사는 일

내가 사는 일은
없는 세상을 사는 일
새가 그렇듯 꽃이 그렇듯 하늘이 그렇듯

가슴이 두근거렸다

큰 것은 크게
작은 것은 작게
그렇게 살라고 배웠었다

그러나 어느 날
크고 작은 것이 따로 없다고 생각하면서
가슴이 두근거렸다

하늘을 땅으로 만들고
땅을 사람으로 만들고
사람을 하늘로 만드는 일

너무 벗어나는 일을 하면서
죽을지 모른다는 생각에
나는 크게 가슴이 두근거렸다

새인봉과 하얀 비행운, 그리고 시지프스

임동확(시인)

격동의 청년기를 몽땅 보낸 전남대학교 용봉골의 은 사이신 범대순 교수님의 시집을 읽어내려 가니 만감이 교차한다. 주체할 수 없는 청춘의 광기와 알 수 없는 젊은 날의 어둠 속에서 고삐 풀린 말처럼 이리저리 방황하고, 때로 울부짖던 날들에 대한 회한과 슬픔이 문득 일어난다. 행여 그때의 나를 기억하는 사람들이 있다면, 과연 나의 모습은 어떤 것이었을까. 제 딴엔 시대의 진실을 찾고자 입학하자마자 이른바 운동권을 기웃거리고, 한편으로 문학과 철학 공부를 통해 삶의 진리를 찾아 동분서주했지만 다른 이들에겐 한낱 혈기 방만放漫한 대학생에 지나지 않았던 것은 아닐까 하니 마음이 그저 편치는 않다.

대학 일학년 때부터 용봉문학회 동인들과 당시 문리대 문학부 이층에 있던 교수실을 불시에 찾아가곤 했던 범대순 교수님도 그 중의 한 분이다. 모두들 하나같이 가난하고 어수룩하기만 했을 햇병아리 문청들을 위해 손수 따스한 커피를 타주시던 범 교수님의 눈에 나의 말과 행동들은 어떻게 비쳤던 것인지. 하지만 아무리 바쁘시더라도 싫은 내색 없이 언제든 부드러운 낯빛을 한 채 반가이 맞아주시던 범 교수님의 모습이 마치 어제인 듯 생생하기만 하다. 솔직히 모교인 전남대학교에 대한 기억이 모두 행복한 것만은 아니지만, 화살 맞은 짐승들처럼 끙끙대던 취기어린 문학 지망생들을 위해 격려와 용기를 심어주던 모습이 그나마 아름다운 한 장의 흑백사진으로 남아 뚜렷하다.

외람되게도 그러한 범 교수님이 단지 '범范'이라는 성姓을 가진 인물이 아닌, 한 마리 '범豹'으로 다가온 것은, 그의 시「불도우저」나 첫 시집『흑인고수 루이의 북』을 통해서만이 아니었다. 그때까지 나온 시집을 통해 나는 그가 이육사, 유치환, 김수영 시인 등을 잇는 남성주의적 시의 맥을 잇고 있음을 느낀 바 있었지만, 결정적으로 그걸 느낀 것은 여느 때처럼 그의 연구실을 찾을 때였다. 마침 나 혼자 찾아갔을 때였던가. 범 교수님은 선뜻 내게 "학교 문학상 하나 못 탄 사람이 기라성 같은 문단에서 어떻게 활동하겠는가"라고 하면서 "전남대생이 한 해 몇 천 명이 졸업하지만 제대로 된 한 명의 시인이 더 낫다"는 말을 해준 적이 있었다.

고백하건대, 나는 그 순간 문학인이 되기 위해선 순수한 감정만이 아닌, 그만의 포부와 기개가 있어야 한다는 것을 알고 강한 충격과 자극을 받은 바 있다. 그리고 나는 그 후로 모 월간 시 잡지의 전국대학생 문예공모 시 부문에서 입상하고, 연이어 교내 문학상에 당선한 바 있다. 요동치는 시국의 물결에 휩쓸려 학생운동과 학보사 기자 등으로 청춘의 시간을 마냥 낭비하면서도 끝내 문학의 끈을 놓지 않고 오늘에 이를 수 있었던 것은, 순전히 어쩌면 그때 무심코 던졌을지도 모를 그한 마디 말씀과 격려 덕분이었던 것이다.

하지만 그 말이 실상 당신 자신을 향한 것이라는 것을 깨달은 것은, 특히 '세상에 존재하는 모든 것들이 푸른 남南으로 향하고 있을 때 고집스레 차고 어둡고 가난한 북北에서 세상사는 길'을 찾는다고 선언하고 있는 그의 시집 『북창서재』를 통해서였다. 나는 그 시집에서 그의 시적 창槍 또는 창槍이 당대의 시적 상상력과 팽팽한 긴장과 대결의지에 그치지 않고, 세계인의 가슴을 향해 열려 있거나 겨냥하고 있다는 것을 알았다. 비록 괴롭고 고독한 일이나, 홀연 오연히 '북창'을 향해 돌아앉아 있을 수 있는 용기와 결기를 가진 시인이 바로 전남대 시절 나의 유일한 시적 스승이라고 할 수 있는 범대순 교수님임을 확신하게 됐다.

물론 나는 그 전남대에서 만난 이후 상재한 시집『이방에서 노자를 읽다』,『기승전결』,『백의 세계를 보는 하나의 눈』,『아름다운 가난』 등의 시집과 시론집『백지와 기계의 시학』,『트임의 미학』 등을 통해 그의 가슴속에 좁은 한국 땅을 넘어서는 크기와 깊이의 상상력이 꿈틀거린다는 것을 알았다. 동서고금의 고전들이나 대가들이 애써 일궈온 형식과 내용에 대한 일종의 도전장이라고 할 수 있는 그의 시집과 시론집을 통해 한낱 지방대학 교수 신분의 시인이 아닌, 세계적 크기의 발언과 인문정신을 가진 시인으로서의 풍모와 기상을 읽어낼 수 있었다.

백석 시인 이후 우리가 잃어버린 상상력의 지평, "위대한 공백으로 가는 날개"인 "대륙" 또는 "세계"(「사월이여 안녕」)로 가는 '북창의 정신'이 그의 시 속에 구현되고 있다고 생각한 바 있다. 그리고 그것이 "무등산 서석대"를 거쳐 "서북쪽으로 멀리 히말리야"와 "더 멀리”는 “푸른 아프리카”에 닿고자 하는 이번 시집 『산하』에도 어김없이 살아있다는 것을 느낀다. 그러니까 “도연명의 검은 새가 사는 서역 둔황敦煌”(「처서 소묘」)과 ‘고비사막’, ‘서안’과 ‘시베리아’ 등을 가리지 않고 넘나들고자 했던 것은 단순한 여행의 결과나 이국취미의 산물이 아니다. 필시 그것은 ‘어둡고 가난한’ ‘북’을 끌어안고자 하는 시적 기개 혹은 포부와 따로 떼어 놓고 볼 수 없다.

기가 먹구름 같이 사납다 바다에 가고 산에 가는 까닭이다 이 안에서 그러나 어지러움은 자색을 원한다 고비사막의 지평선에 닿는 장성의 끝자락에 지면서 대장정같이 일어서는 진하게 미친 해 미친 바람으로 대륙 깊은 안을 물들이는 자색 우연한 사람의 순간을 발견하였다 아 당장 실성하는 대륙이고 싶다

– 「자색(紫色)의 순간」 전문

그렇기에 “기가 먹구름 같이 사”나운 한 사람이었을 시인 범대순이 새인봉과 서석대 등 무등산을 자주 찾고 “바다에 가는” 이유는, 무슨 양생養生이나 번잡한 현실을 피해서가 아니다. 감당할 수 없는 크기의 ‘북창의

정신’ 또는 ‘대륙적 기상’ 때문이었다고 할 수 있다. 그러니까 “낙조 다음의 시간”(「적벽동천」)의 석양빛을 뜻하는 “자색”, “우연한 사람의 순간”에 대한 “발견”은 “미친 해 미친 바람”으로밖에 설명할 수 없는 “대륙같이 깊”고 웅혼한 시혼詩魂과의 조우라고밖에 설명되지 않는다.

불현듯 ‘나는 디오니소스의 거시기氣다’ 라고 한 것도 그런 점에서 결코 우연한 사건이 아니다. 또한 이번 시집을 통해 친구와 가족, 각종 모임과 세상과의 불화 또는 결별을 호기롭게 내세우는 것도 이와 무관하지 않다. 새삼 ‘욕이 크면 클수록 자신에게 약이 되는 역설’의 길을 자청하는 것은, 그의 가슴 속에 여전히 ‘철들기’를 거부하는 불굴不屈의 시 정신이 살아 있음을 보여준다. 또한 그것은 물리적 나이와 상관없이 그의 마음 속에 “다시 태어나고 싶”은 욕망, “인연 같이 붉어서 푸른” “소용돌이”(「가마골 용소」)가 치고 있다는 것을 가리킨다.

하지만 그가 “강물이 물방울 하나가 되기 위하여 나는 더 완벽하게 미쳐야 한다”(「산새가 피를 토하는 까닭」)고 해서, 그의 시를 실존적 고통의 극한까지 밀어붙이며 자기 망각적인 도취를 꾀하는 디오니소스 적인 것으로 치부하는 것은 문자 그대로의 해석에 지나지 않는다. 설령 그가 "높고 푸른 하늘의 까닭이 분노"이고 "은하수 별의 까닭이 광란"(「형이상학적 분노」)이라고 해도, 어디까지나 그것들은 제어되고 절제된 광기를 벗어나지 않는 까닭이다.

> 매화는 밤에 더욱 향이 밝다 하늘별같이 이런 저런 생각으로 아득하다 봄을 죽이고 순수한 짐승으로 살자 깊은 밤 매화 앞에 장승처럼 서서 생각을 죽인다
>
> ― 「춘분」 전문

흔히 아폴론적인 것은 "밤"으로 대변되는 실존의 공포와 경악을 '매화향'이나 "하늘"의 "별"과 같은 광명과 생명의 형상으로 미화함으로써 삶을 그 자체 추구할 만한 가치가 있는 것으로 변용시키는 것과 관련되어 있다. 반면에 디오니소스적인 것은 그러한 실존을 미화하는 것이 아니라 파괴와 창조, 소멸과 생성, 죽음과 생식을 반복하는 자연의 적나라한 현실, 즉 "이런저런 생각"이나 상념을 "죽인" 채 "순수한 짐승"의 상태로 몰아가는 것을 가리킨다. 달리 말해, "깊은 밤"에 선비의 표상이자 고결한 인격을 나타내는 "매화 앞에 장승처

럼 서서 생각을 죽"이는 것은 다른 것이 아니다. 단적으로 그것은 디오니소스적인 광기가 "생각"과 이성의 순화와 제어를 거쳐 아폴론적인 질서와 조화를 꾀하고 있다는 증표이다.

그러니까 이번 시집의 묘미는 다른 데 있지 않다. 그간의 시집들과 시 정신이 아폴론적인 것이나 디오니소스적인 것 중의 한 측면에 조금씩 치우친 감이 있다면, 이번 시집이야말로 그 양자의 변증법적인 지양, 니체식으로 말하자면 '미와 진리의 중간세계'를 추구하고 있다. 달리 말해, "산에서 미친 것은 죽음보다 신"(「산에서 미친 것은 나뿐만이 아니다」)나는 일이라는, 이러한 도취 또는 황홀의 감정은 액면 그대로의 것이라기보다는 오히려 그것들로부터 해방을 뜻한다. 또한 "예쁘고 젊은 여자들"을 향해 "신나게 오줌"을 누는 "미친" "사내"(「산에서 만난 강」)를 부러워하는, 이러한 탈아적인 상태와 자기방기의 유혹은 단지 '위악'적인 것이 아니라 그로부터 구원되고 위안 받는 것과 맞물려 있다.

그렇듯 아폴론적이고 동시에 디오니소스적인 것 사이에서 중용中庸의 자세를 취하고 있는 범 선생님은, 그러나 문득 서양정신의 모태인 "그리스가 흔들리는 것을 느낀다"(「돈황기」)고 말하고 있다. 그리고 이 말에는 그가 그동안 영문학과 교수로 오래 재직하면서 오랫동안 연구하고 사유해온 서양문학과 서양정신의 한계를 보았다는 뜻이 담겨 있다. "다만 해를 향하여 어설프게 산 생애"(「물장난」), 다른 식으로 말하자면 지금껏 그의 내면을 지배해온 그리스적인 태양과의 결별의 의지가 들어 있다. 그러니까 "개똥과 같이 있으면 그리스 신화도 가까이 못 온다"(「개똥에 대한 나의 사유」)라는 진술은, 그것들에 대한 더 이상의 매력이나 호기심을 느끼지 않는다는 선언을 포함하고 있다.

　팔순이 될 때까지 무려 50여 년 동안 1천회 이상 산행했다는 '무등산'을 주요 모티브로 하고 있는 이번 시집의 비밀은 여기에서 그 실마리를 드러낸다. 단순히 그것은 향토애적인 관심이나 이른바 동아시아적인 노장老莊 정신의 발현이라고 보기 어렵다. 오히려 그것은 횔덜린이 그리스 문명으로의 복귀를 통해 새로운 서양 혹은 독일 정신의 회복을 꾀한 것과 일맥상통한다. "모난 바위에 앉아도 꽃방석"인 "무등산 서석대 정상"은 다름 아닌 참된 마음과 정신의 고향으로서 횔덜린의 '알프스'이고 '그리스 정신'을 상징한다. 거기서 "시간을 다스리는 숫자들이 증발"하고 "세상이 따라오다가 말고 돌아가 버"리면서 선사하는 "순수"하고 "미치고 싶은 마음"으로 대변되는 황홀경의 체험은, 휠덜린이 그대 그리스로의 복귀를 통해 다가가고자 했던 '자연성 physis'의 체험과 가깝다고 할 수 있다.

그러니까 범 선생님이 무등산에서 만난 "흰 구름"이나 "푸른 하늘"(「새인봉」)은 단지 우연히 마주친 하나의 풍경에 대한 묘사에 그치지 않는다. 단적으로 그것들은 휠덜린적인 의미의 자연성 또는 생기生起 내지 생기生氣와 연결되어 있다. "먼 훗날"의 "그리움"을 "미리 울고 있는" "새인봉 뻐꾸기"가 보여주는 "순수"함 또는 "머리 위로" 흘러가는 "하얀 비행운"(「5월 하늘의 순간」)이 상징하는 그 어떤 성스러움은, 그야말로 마음의 담백함 내지 가난함 없이는 체험 불가능한 그 어떤 것을 상징한다.

하지만 그러한 해맑고 푸른 정신적 체험은 시집 제목이자 시의 제목이기도 한 '산하山下'가 보여주듯이 천상적인 '산'과 지상적인 '아래'의 교직 속에서 이뤄진다. 천상적인 것과 지상적인 것, 수직적인 것과 수평적인 것들과의 사이세계에서 그 어떤 무한함이나 성스러움이 드러난다.

무등산 중봉 가을 날 오후 하늘이 비스듬하다 옛날

할머니가 거처한 방 생각이 났다 할머니 가버린 다음
어느 날 방 가득한 난도 모두 가버렸다 난은 슬플 때
꽃으로 운다 할머니 말이었다 옛날 할머니의 난실은
언제나 꽃이 있었다

— 「난실(蘭室)」 전문

어느 "가을 날 오후" "무등산 중봉"에서 문득 "할머
니가 거처"하던 "방"이 생각나는 것은, 그러므로 우연
이 아니다. 우선 그것은 "무등산"이 가장 높은 "하늘"
과 지상의 가장 낮은 곳인 "할머니"의 "방" 사이에 존
재한다. 또한 그것은 신성성의 공간으로서 "무등산"과
그만큼 깊은 골짜기 또는 그 아래 존재했을 세속성의
공간인 "할머니의 난실" 사이에 있다. 달리 말해, "슬플
때 꽃으로 운다"는 "할머니의 말"은, 높은 곳과 낮은 곳
또는 현실적인 '슬픔'과 '꽃'으로 상징되는 정신적인
희열의 세계가 하나도 아니고 그렇다고 둘도 아닌 不一而
不二관계 속에 놓여 있다는 것을 보여준다.

예컨대 "무등산은 산이 아니라 강"(「무등산 선유」)이
라던가, "이 자연 속에 인간으로 있음이 작지 않다"(「무
등산 규봉」) 는 진술이 대표적이다. 또한 "산이 높은 까
닭을 안 것은 사막"과 "장강을 보고 나서"(「고산부」)라

는 구절이 여기에 해당한다. 단적으로 그것들은 그의 시들이 온갖 사물들과 사건들의 상승과 하강, 현상 본질, 나타남과 숨음, 빛과 어둠, 고요와 어둠 등의 이중적이고 양가적인 운동 상태에 민감하다는 것을 보여준다. "우연한 순간에 지고 있는 나뭇잎을/나만이 큰 사건같이 혼자서 보고 있"(「생활의 발견 8」)는 행위는 그가 순간성 속에서 영원성을 보려고 노력하는 시인이자, 한낱 우연성 속에서도 우주적 크기의 '큰 사건'이 개입되어 있다는 걸 깨우치고 있음을 보여준다.

그러한 범 선생님이 "사투리로 말하는 산새가 되었다"던가, 제 "어머니"로 동일시한 "타고난 전라도"(「새 인봉 노래」)에 새삼 주목하고 있다. 그리고 이것은 물리적이고 육친적인 고향을 의미하는 것이 아니라 이미 모든 인간의 마음에 자리 잡고 있었던, "태고를 기억하는 가물현 누루황玄黃"의 "시간"(「너덜겅」)이 살아있는 공간으로 귀의歸依하고 있음을 나타낸다. 특히 "손으로 가슴으로" 볼 때 "더 잘 보"이는 "별"을 찾아 "아름다운 가난"이 사는 "호젓한 거리"로 들어서고자 함은, 가장 단순하면서도 친숙한 것들이 살아 있는 마음의 고향으로 귀향을 꿈꾸고 있다는 것을 알려준다.

이번 시집에 적지 않은 비중을 차지하는 '어머니' 나

'할머니', '아내' 등 여성적인 것들에 대한 기억이나 회상 역시 마찬가지이다. "평생 취해야 할 것"을 "뱃속에서 이미 취했었"다는 "어머니"의 "말"(「야생」)에 대한 추억은, 단지 회고적이고 감상적인 기분 때문이 아니다. 그 어머니의 말 또는 말의 어머니가 바로 자신의 영혼을 키운 모국어이자 사투리의 세계임을 깨달게 되었다는 것을 가리킨다. 모든 인간들의 안식처이자 평안함의 근원인 어머니 등 모성母性이 자리한 고향으로의 회귀를 나타낸다.

바구니는 머리에 애기는 등에 그리고 황토 삼십 리를 가는 여자가 성모마리아다 그대 성모 마리아는 맨발이어야 한다 아 옛날 그런 어머니가 있었다 어머니를 생각하면 푸른 하늘 아래서 지금도 오래오래 물구나무서고 싶어진다

– 「물구나무」 전문

위 시는 단지 시인과 혈연을 맺고 있는 "어머니"에 대한 회상이나 어느 희생적인 모성을 가진 "여자"에 대한 미화를 뜻하지 않는다. 일상의 전도顚倒를 꾀하는 "물구나무"를 서서라도 다가가고 "싶어"하는 그 시간

속의 "어머니"는 제 안의 여성, 곧 그의 심혼心魂 속에 자리한 '위대한 어머니太母'를 가리킨다. "바구니는 머리에 애기는 등에 그리고 황토 삼십 리" 길을 "맨발"로 걸어갔던 "옛날"의 "어머니"에 대한 "생각"은 위험에 처하거나 보호가 필요한 자들을 감싸 안고 보살피는 대지모신大地母神에 대한 헌사의 성격을 띠고 있다. 그 중에서도 "성모마리아"는 그동안 남자라는 이유로 무심코 지나쳤을지 모를 제 안의 아니마anima 곧 가장 높은 단계의 원형적인 여성의 억압할 수 없는 생명력을 나타낸다.

하지만 그러한 영적인 여성들은 딱히 접근 불가능하고 초자연적으로 멀리 떨어진 곳에 떨어져 존재하는 것이 아니다. 흘러넘치는 지혜의 상징이자 구원자이며 양육자인 "이 없는 할머니"는 다름 아닌 바로 "나의 입 안"에 "가을 날 제비들이 공중 주유"(「할머니 입술」)하듯이 살아 있다. 또한 "덥고 짜고 너무 매웠"던 "할머니"의 "눈물"처럼 "너무도 소중"한 "그것"들은 실상 너무나 "가까이 있"(「할머니의 유산」)다. "춘하추동 향이 없이" "야생으로/무등산으로" 살아있는 "내 안"의 "어머니" 또는 "그 말"(「야생」)들은 항상 부를 수 있거나 응답할 수 있는 거리에 자리하고 있다.

오랜 시력詩歷에 비례할 만큼의 폭넓고 웅숭깊은 시력視力을 줄곧 보여준 바 있는 시인 범대순이 "짐승이면서 다시 없이 공자의 하늘같이 행복"해 하는 "까닭"(「환각」)은 여기에 있다. 마침내 그의 시가 자신도 미처 알지 못하는 깊이의 무의식을 지배하는 동물적 본능과 충동에서 영적 변환의 국면에 이르는 전반적인 삶을 아우르는 경지에 도달했음을 의미한다. 또한 그의 시가 '무등산'을 통해 "백지" 또는 "하늘의 밤"(「문자향」)이라고밖에 말할 수 없는 '상위의 자기' 또는 '영靈'의 세계와 맞닿아 있다는 것을 뜻한다. "에베레스트"로 상징되는 그 정신적 "극지" 체험과 더불어 자신을 "따라다니"는 공동체로서 "동네골목", 그리고 심층적인 자기상自己像의 하나일 "옛날 할머니"(「다시 환각」)와의 만남은 그의 개성적인 시세계가 의식과 무의식을 포괄하는 전체정신과 연결되어 있다는 것을 보여준다.

문명의 이기인 "비행기"나 "기차" 또는 "버스", 한국을 대표하는 시인 "소월"과 중국 또는 동아시아의 시인을 대표하는 "두보"나 영국 또는 서양문학을 대표하는 "셰익스피어"로 가는 대신 자신만의 길을 "걸어서 가기로 하였다"는 선언이 그렇다. 단지 이것은 빠름과 느림의 미학을 새삼 설파하거나 한국을 포함한 동서양 시인

들을 넘어섰다는 은근한 내면적 자부심을 뜻하는 것이
아니다. 일차적으로 그것은 일찍이 동서양을 아우른 문
명과 문학에 대한 오랜 편력을 통해, 시인으로서 자신
이 진정 무얼 찾아야 할 것인지 알기 위해 가장 낮은 밑
바닥 또는 근원으로의 귀환을 시사한다.

　다시 말해, 동서양을 대표하는 현인이자 종교적 숭배
대상인 "예수 그리스도"와 "공자", 그리고 "석가모니로
갈까 하다가" 자신만의 길을 걷기로 했다는 다짐은, 오
랜 지적 순례와 탐구를 통한 자신감의 표현만이 아니
다. 그러니까 "속俗"이 곧 "하늘인 산하山下"를 "맨발"로
"걸어서"(「산하」) 가겠다는 의지는, 역설적으로 '고향'
의 '무등산' 또는 '어머니'와 같은 고유한 것을 자기화
하기 위해선 그만큼 기나긴 편력이 필요했다는 것을 드
러낸다. 신성불가침의 진리 추구와 일상적 삶의 진실
사이가 마치 음양陰陽처럼 일종의 차연 관계에 놓여 있
다는 것을 깨달으면서, 그의 시적 세계가 지고의 정체
성과 더불어 근원적인 '자유'의 경지에 이르렀다는 것
을 암시한다.

　애써 스스로 "가난한 전라도 시인"(「무등산 옛길」)이
라고 자신을 한껏 낮추시는 범 선생님의 이번 시집은,
따라서 그에 대한 지난한 시적 등정登頂의 기록이자 정

신적 고투의 보고서이다. 이제 그는 분명 존재하고 있는 데도 "없는 새"와 "꽃", 그리고 "사람 같이 노는"(「내가 그리는 것은」) 장자적莊子的 소요유逍遙遊의 경지 또는 거칠 것 없는 대자유의 세계에 도달해 있다. 지극히 평범하고 일상적인 "어물전 시장" 속에서 "먼 바다"의 "수평선" 또는 "푸른 바다"(「두암 시장」)와 같은 장관에 취할 마음의 준비가 되어 있다.

그럼에도 불구하고 여전히 "하늘을 땅으로", "땅을 사람으로", "사람을 하늘로 만드는 일"에 "두근" 거리는 "가슴"(「가슴이 두근거렸다」)을 가지신 선생의 시인적 기개와 문학적 성과는 그만큼에 필적한 합당한 평가를 받지 못하고 있는 것 같다. 그리고 이것은 일전에 만난 문학평론가 황현산 선생과 시인 범대순을 얘기하면서 공감한 바 있지만, "무지막지한" "서울 중심"(「생활의 발견 11」)의 문학풍토 때문이라 할 것이다. 단적으로 "내가 시를 썼는데"도 "폭풍도 벼락도 우는 하늘도 지진도 없"이 "너무 조용"(「시를 쓰면 폭풍이 불 줄 알았다」)하다는 것은, 제대로 된 감식안 또는 심미안을 갖추지 못하는 자들이 현재의 문단을 지배하고 있기 때문일 것이다.

그러나 언제까지 학자와 시인으로서 "밤을 새며 바로

서고자” 했던 “나를 한사코 가로막”(「무등산 서석대」)
거나 외면할 수는 없다. 또한 “80”의 “나이에도” “소리
지르”거나 “달리고 싶”은 “그리움”(「80」)을 가진 그의
시적 성과에 대한 정당한 평가와 올바른 이해가 이뤄지
는 날이 반드시 올 것임을 믿어 의심치 않는다. 분명
“세계는 너무 엉터리”이고 “세상은 너무 아니게” “가고
있”(「8월이 시작하는 날」)지만, 어느 날 “가파른 바위에
혼자 비스듬하게 사는 소나무”처럼 “백년 아니 이백년”
너머 그의 시적 “외로움”과 청정함과 “교감”(「서래봉」)
하는 뜻있는 문학인 또는 연구자들이 횔덜린을 발굴한
하이데거처럼 반드시 나타나리라고 굳게 믿는다.

　영문과 수업에 들어가서 영미의 낭만주의 시와 시인
들을 직접 공부하기도 했던, 그러나 80년 5월 이전의 뜻
하지 않은 사태에서 끝내 지켜주지 못했던 범 선생님의
시들을 읽어가면서 나는 문득 바위를 산정山頂으로 굴
려가던 시지프스를 떠올린다. 모든 인간적인 근원이 인
간적인 것일 수밖에 없다는 것을 알면서도 끝까지 바위
를 정상으로 끌어올려야 했던 시지프스의 무한한 고뇌
와 성실성을 기억해낸다. 아, 그렇구나. 정녕 범 선생님
의 시들은 결국 “구름에 닿는 큰 바위” 틈으로 “작게 열
린 창”을 통해본 “하늘을 닮은 소리”(「산새」)였구나. 과

연 그 과정에서 만난 하나의 꽃과 나무, 새와 돌, 구름과 하늘들이 그만의 광채를 빛내며 그만의 우주를 만들고 있었구나.

자주 찾아뵙기는커녕 안부전화조차 인색한 나는 이제야 겨우 그의 시인적 풍모와 크기를 가늠해본다. 그러면서 시인의 운명이 다름 아닌, 또다시 "헛소리 정말 헛소리"(「생활의 발견2」)인 줄 알면서도 무거운 삶과 역사의 중하重荷를 언어의 극점으로 끌고 가는 것이라는 걸 깨닫는다. "아이슬란드"의 '화산폭발'을 보며 "더 크게 할 말이 있을 거"라고 말하는 시인 범대순 선생님은 그런 점에서 영원한 나의 시적 스승이다. 시의 산정山頂을 향한 끝없는 정진과 불패의 정신만으로 모든 시인의 길은 충분히 아름답다고 이번 그의 시들이 속삭여주고 있기 때문이다. 때로 우리는 "짐승이 되기도 하지만" "꿈속에선/해가 달이 되기도 하고" "새가 꽃이 되기도 하"(「꿈」)기에, 그나마 행복할 수 있다고 그의 시적 여정이 은밀하게 일러주고 있기 때문일 것이다.

범대순

광주 출생. 고려대 영문학과 동 대학원 등 수학. 시집 『흑인고수 루이의 북』, 『연가 Ⅰ Ⅱ 기타』, 『이방에서 노자를 읽다』, 『기승전결』, 『백의 세계를 보는 하나의 눈』, 『아름 다운 가난』, 『세기말 길들이기』, 『북창서재』, 『파안대소』, 『나는 디오니소스의 거시기 氣다』 등이 있으며, 시론집 『백지와 기계의 시학』, 『트임의 미학』, 에세이집 『눈이 내 리면 산에 간다』 등이 있다. 현 전남대 명예교수.

e-mail | dsbom@hanmail.net

문학들 시선 016
산하山下

초판1쇄 찍은 날 | 2010년 12월 15일
초판1쇄 펴낸 날 | 2010년 12월 23일

지은이 | 범대순
펴낸이 | 송광룡
펴낸곳 | 문학들
등록 | 2005년 8월 24일 제2005 1-2호
주소 | 501-841 광주광역시 동구 학동 81-29번지 2층
전화 | 062-651-6968
팩스 | 062-651-9690
전자우편 | munhakdle@hanmail.net

ⓒ 범대순 2010
ISBN 978-89-92680-46-2 03810